Jörg Hartig

STRESS

JÖRG HARTIG

Stress

Ein Überblick über Begriffe und Definition,
Stressreaktion, Stressoren und Diagnostik

Das Buch „ Stress" ist ein überarbeiteter Auszug aus der akademischen Veröffentlichung: *„Internetgestützte Online-Diagnostik stress-induzierender Belastungsfaktoren"*

Webseite und E-Mailadresse des Autors
www.joerghartig.de
kontakt@joerghartig.de

Alle Fotos: Golden Eyes Fotostudio – Leipzig (S.45,47,Cover)
Foto Cover: © Ayamap - Fotolia.com
Bildbearbeitung: Collandi Eye Catcher Factory – Leipzig (S.45,Cover)
                  Stefan Waldert, Leipzig (S.47)

© 2015 Jörg Hartig
Edition Hartig Health & Business Coaching

Herstellung und Verlag: BoD - Books on Demand, Norderstedt

ISBN 978-3-7386-3618-5

INHALT

STRESS

1 STRESS – BEGRIFFE UND DEFINITION

Stress ist sowohl in der Fach- wie in der Alltagssprache sehr präsent. Ein Phänomen von großer Aktualität, mit dem vielfältige Sichtweisen, Erfahrungen, Empfindungen und Erklärungsmodelle verknüpft werden.

Vom wissenschaftlichen Standpunkt aus ist der Stressbegriff als solcher neutral zu betrachten. Ob Stress negativ oder positiv erlebt wird, hängt zum einen davon ab, wie eine Person die den Stress auslösenden Momente und die Situation, in der sie eingebettet sind, bewertet. Zum anderen spielen die für die Bewältigung verfügbaren Möglichkeiten und Ressourcen eine Rolle. Positiver Stress, Eu-Stress, geht mit Gefühlen der Befriedigung einher und ist, bezogen auf die Persönlichkeit, mit stärkenden Wachstums-, Lern- und Erfahrungsprozessen verbunden. Negativ erlebter Stress, Dis-Stress, hingegen entsteht durch stark belastenden Situationen, gepaart mit nicht ausreichenden oder nicht vorhandenen Ressourcen zur Bewältigung. Daraus resultiert eine Überforderung, welche für die betroffene Person mit verschiedenen negativen Konsequenzen verbunden sein kann.

In diesem Buch soll es um negativ wirkenden Stress im Kontext von Belastung und Beanspruchung gehen. Es sollen Faktoren und Bedingungen, welche Stress auslösen können, beleuchtet und ein Blick auf die Möglichkeiten seiner diagnostischen Erfassung geworfen werden.

1.1 Belastung, Beanspruchung und Beanspruchungsfolgen

In der Verwendung der Begriffe im Zusammenhang mit Stress stellen sich mitunter Unklarheiten ein. Belastung, Beanspruchung, Beanspruchungsfolgen tauchen als Begriffe auf und werden entweder zur Beschreibung von Stress herangezogen oder aber auch direkt mit diesem, im Sinne von Stressauslösern, gleichgesetzt. Die Begrifflichkeiten sollen daher an dieser Stelle im Sinne ihrer Verwendung in dieser Arbeit erläutert und zueinander in Bezug gesetzt werden.

In Anlehnung des aus der Arbeitspsychologie stammenden **Belastungs-Beanspruchungs-Konzepts** von Rohmert & Rutenfranz (1983) soll unter Belastung die Gesamtheit der von außen auf den Menschen psychisch wirkenden Größen und Faktoren verstanden werden. Wogegen unter Beanspruchungen die Auswirkungen der Belastungen auf den Menschen zu verstehen sind. (In englischensprachiger Literatur werden dafür die Begriffe strain und stress verwendet.)

Spezifiziert nach der Deutschen Industrienorm (DIN 33405, 1987) versteht man unter **psychischer Belastung** die Gesamtheit der erfassbaren Einflüsse, die auf den Menschen zukommen und auf ihn psychisch wirken. Nach Scheuch und Schröder (1990, in Richter, 2000) gehen neben den objektiven psychischen Belastungen auch die subjektiv wahrgenommenen bzw. erlebten Leistungsvoraussetzungen und Ressourcen mit in die psychische Beanspruchung ein. Zu diesen zählen u.a. vorhandene Fähigkeiten und Fertigkeiten oder soziale und kommunikative Kompetenzen. Gleiche Belastungen, so die Autoren weiter, wie etwa bei objektiv gleicher Aufgabenschwierigkeit, können von verschiedenen Menschen völlig unterschiedlich erlebt und bewältigt werden.

Psychische Beanspruchung (DIN 33405, 1987) meint die individuellen, zeitlich unmittelbaren und nicht langfristigen Auswirkungen der psychischen Belastung im Menschen in Abhängigkeit von seinen individuellen Voraussetzungen und seinem Zustand.

Solche Beanspruchungen werden in Form von psychophysischen Beanspruchungsreaktionen sichtbar und sind, so Stück (1997), Teil eines komplexen Bewältigungsverhaltens. Bei diesen Bewältigungsversuchen und den mit ihnen verbundenen Beanspruchungsreaktionen kann es zu Beanspruchungsfolgen kommen. Sie können positiv im Sinne des oben genannten Eu-Stress oder negativ als Resultat nicht bzw. unzureichend gelungener Bewältigung sein. Dabei unterscheidet man kurz- und langfristige Folgen negativer Beanspruchung. Eine detaillierte Aufstellung findet sich dazu bei Richter (2000). Die kurzfristigen Folgen negativer Beanspruchung, von denen neben Ermüdung durch Überforderung, Monotonie durch Unterforderung, psychischer Sättigung (entspricht z.B. der Frustration), Stress nur eine ist, sollten hier nur genannt werden. Die detaillierte Auseinandersetzung mit Stress findet in den folgenden Kapiteln statt.

1.2   Definition von Stress in Medizin und Psychologie

Stress als Begriff wurde erstmals von Cannon 1914 (vgl. auch 1929, 1932) in seiner Arbeit zu Reaktionen auf Alarmsituationen und dem „Fight-or-Flight-Verhalten" in die wissenschaftliche Diskussion eingebracht. Große Verbreitung fand diese ursprünglich aus dem technisch-physikalischen Bereich stammende Bezeichnung jedoch erst in den 30er-Jahren durch die Arbeiten Hans Selye's (1976, 1981).

Stand der Dinge ist, dass in Bezug auf Definition und theoretische Konzeptualisierung bis heute noch keine allgemeingültige Aussage getroffen wurde (vgl. Laux, 1983; Schumacher et al., 2002). So gibt es, je nach Zugangsweg und Sichtweise auf die Thematik, heute mehr als 200 verschiedene Definitionen und Erklärungsansätze (Seefeldt, 2002).

Die am häufigsten, neben denen von Selye (1976), Lazarus (1966) oder Lazarus & Launier (1981), in aktuellen Publikationen zitierten Stressdefinitionen finden sich bei Janke (1976), Hacker & Richter (1980), Ulich (1983) und Greif (1991).

Allen Stress-Definitionen ist im Kern gemein, dass es sich bei Stress um eine notwendige psychologische und physiologische Zusatzleistung des Menschen handelt, mit der er versucht, bedrohliche Problemlagen zu bewältigen (Schröder, 1996).

In dieser Arbeit soll die Stressdefinition von Schröder (1996; sowie in Reschke & Schröder, 2000) Verwendung finden. Sie basiert auf transaktionalen Vorstellungen nach denen Stress nicht nur durch Stressoren oder Situationen bei einer Person ausgelöst werden können, sondern auch darauf, dass sich der Mensch wiederum selbst bewertend und aktiv mit den auf ihn einwirkenden Belastungen auseinandersetzt. Die dabei wirkenden Stressoren werden nach Ulich (1998) als Faktoren definiert, die mit hoher Wahrscheinlichkeit Stress auslösen können. Stress aus transaktionaler Sicht ist demnach eine zweckmäßige Zusatzregulation bzw. Alarmreaktion, die in kritischen Belastungssituationen eintritt, wenn Grundbedürfnisse auf physischer und psychischer Ebene bedroht sind und damit existenzielle Konsequenzen möglich werden.

Diese ist verbunden mit dem Gefühl...

- bestimmte Situationen nicht unter Kontrolle zu haben situationsbezogener Kontrollverlust)
- sich selbst nicht unter Kontrolle zu haben (mangelnde Selbstkontrolle)
- sich nicht entwickeln zu können
- auf sich selbst gestellt zu sein und keine Hilfe erwarten zu können (mangelnde soziale Integration, unzureichende soziale Unterstützung, Befürchtung von Isolation)

2 STRESS - THEORETISCHE STRESSKONZEPTE UND – MODELLE

2.1 Stress als Reaktion - Das Adaptationssyndrom

In den 30er-Jahren des letzten Jahrhunderts wurde von Hans Selye (1976, 1981) das von ihm entwickelte **biologische Stressmodell, das Allgemeine Adaptationssyndrom**, publiziert.

Dieses Stresskonzept stellte eine Weiterentwicklung des **Modells der „Notfallreaktion"** Cannons dar. Selye beschreibt Stress als eine komplexe unspezifische Reaktion des menschlichen Organismus auf Anforderungen und Belastungen aus der Umwelt, welche eine Störung des dynamischen Gleichgewichts des Organismus bewirken.

Bei dieser Stressreaktion handelt sich um eine körperliche Anpassungsreaktion, die, unabhängig von der Art des Auslösers, in drei Phasen abläuft:

1. Phase der Alarmreaktion
2. Die Anpassungs- bzw. Widerstandsphase
3. Phase der Erschöpfung

Die erste Phase entspricht der normalen akuten Stressreaktion und dient der Mobilisierung von Energie- und Handlungsreserven. In der zweiten Phase erfolgt eine Anpassung (Adaptation) mit Erhöhung der Widerstandsfähigkeit gegen wiederkehrenden oder chronischen Stress. Die dritte ist die Reparationsphase oder Erschöpfungsphase.

Bei chronisch einwirkendem Stress ohne ausreichende Erholungsphasen können in der Phase der Erschöpfung aufgrund einer negativen Verschiebung des homöostatischen Gleichgewichts und bei entsprechender Disposition (Veranlagung), organische und oder psychische Erkrankungen (Anpassungsstörungen) die Folge sein.

Ein weiteres reaktionsbezogenes, den verschiedenen Stressebenen besser gerecht werdendes Modell, ist das **Schwellenmodell von Cofer und Appley** (1964). Es ist nicht rein biologisch orientiert, sondern bezieht auch Verhaltensaspekte mit ein. Stress definiert sich nach Cofer und Appley als der Zustand eines Organismus, der dann eintritt, wenn das Individuum erkannt hat, dass sein Wohlbefinden oder seine Integrität in Gefahr ist und dass es alle verfügbare Energie zu seinem Selbstschutz und seiner Selbstverteidigung aufwenden muss.

2.2 Stress als Reiz - Stimulusbezogener bzw. situationsbezogener Ansatz

Die auf den Stimulus gerichtete Sichtweise betrachtet aus der Umwelt eines Individuums kommende Anforderungen als schädigenden Reiz.

Ein solches, auch als situationsbezogen bezeichnetes Stressmodell, wird im Life-event-Konzept diskutiert. Werden im Life-event-Konzept vor allem größere einschneidende Lebensereignisse und ihre psychophysischen Auswirkungen betrachtet, finden bei Lazarus und seinen Mitarbeitern (vgl. Kanner et al., 1981; Lazarus, 1984 zitiert in Krohne, 1997) relativ kleine, alltägliche Belastungen, die so genannten „Daily hassles" Beachtung.

In Kapitel 1.3 „Stressoren" wird näher auf Life events, Daily hassles und deren Auswirkungen auf das Wohlbefinden eingegangen.

2.3 Stress als Transaktion – Transaktionaler Ansatz

In den 60er-Jahren des vorigen Jahrhunderts wurde von Lazarus und seine Mitarbeitern (Lazarus & Launier, 1981) ein kognitives Stresskonzept vorgestellt, das Stress aus einer neuen Perspektive beschreibt. Stress wird nun nicht mehr nur als bloße Reaktion oder Ergebnis situativer Einflüsse gesehen. Vielmehr versteht Lazarus unter Stress einen transaktionalen Prozess, der einsetzt, wenn Umgebungsanforderungen, interne Anforderungen oder beide zusammen von einer Person deren Bewältigung verlangen. Er ist gekennzeichnet durch Wechselwirkungen zwischen den an eine Person gestellten Anforderungen und der Art seines Verhaltens im Umgang mit ihnen. Innerhalb der Transaktion wirken nicht nur die

Anforderungen auf das Verhalten einer Person; vielmehr ist es ihr auch gegeben, diese Anforderungen selbst tätig zu beeinflussen.

Ob Stress ausgelöst wird und es einer Bewältigung (Coping) bedarf oder nicht, ist Ergebnis mehrerer Bewertungsprozesse, die von Lazarus folgendermaßen kategorisiert werden:

- **Primäre Bewertung (primary appraisal)**

In dieser ersten Bewertung wird eine Anforderung danach beurteilt, ob sie irrelevant, angenehm-positiv oder stressbezogen ist. Ist die Anforderung stressbezogen, wird sie danach eingeschätzt, ob es sich dabei um Schaden oder Verlust, eine Herausforderung oder eine Bedrohung handelt.

- **Sekundäre Bewertung (secondary appraisal)**

In der zweiten Bewertung werden insgesamt die Bewältigungsmöglichkeiten auf Personenseite eingeschätzt. Die Prüfung bezieht sich dabei auf das Vorhandensein und das Ausmaß von zur Bewältigung zur Verfügung stehenden Fähigkeiten und Ressourcen. Ressourcen können intellektueller, körperlicher, materieller oder sozialer Art sein.

- **Neubewertung (reappraisal)**

Die dritte Bewertung erfolgt nach unternommenen Bewältigungsversuchen und ist einer bilanzierenden Analyse gleichzusetzen. Es handelt sich um eine Neubewertung der Gesamtsituation. Deren Ergebnisse können unter anderem ein Erfahrungsgewinn für zukünftige ähnliche Situationen und deren Bewältigung oder aber auch die Ausbildung von Bewertungstendenzen sein. Eine solche Bewertungstendenz wäre z.B., neue Situationen generell als Bedrohung aufzufassen.

In der Auseinandersetzung der Person mit der Anforderung kommen bestimmte Bewältigungsstrategien (Coping-Strategien) zum Einsatz. Zwei Arten, das problemorientierte und das innerpsychische/emotionszentrierte Coping, werden unterschieden.

Problemorientiertes Coping ist aufgabenbezogen und beinhaltet die zwei Möglichkeiten: sich entweder der Anforderung zu stellen und eine Veränderung der Situation zu bewirken oder aber auszuweichen, zu flüchten. Emotionszentriertes Coping beschreibt eine innerpsychische, gedankliche Auseinandersetzung mit der Anforderung in der Art, dass der Bedrohungsaspekt dieser Anforderung durch Mechanismen der psychischen Abwehr zu verdrängen gesucht wird (z.B. Rationalisierung, Verleugnung).

Die Bedeutsamkeit dieses Stresskonzepts resultiert nach Feldmann (1983) daraus, dass es als erstes explizit die subjektive Bedeutsamkeit und Wertigkeit belastender Ereignisse berücksichtigt, und daraus, dass über die Bewertungsprozesse nun definiert ist, welche Stärke von Anforderungen eine Stressreaktion auslöst.

Die Gültigkeit des von Lazarus beschriebenen Stresskonzepts wird durch empirische wie theoretische Überprüfungen von Jerusalem (1990) gestützt.

3   DIE AKUTE STRESSREAKTION - MERKMALE UND MÖGLICHE MANIFESTATIONEN

Stress ist eine Reaktion auf Anforderungen, die in ihrer Entstehung durch die kognitive Bewertung moderierender Variablen, nämlich Stressoren und Ressourcen, hervorgerufen werden kann (vgl. Zimbardo, 1999).

Nach Reschke und Schröder (2000) werden Mechanismen der Mobilisierung und Zusatzregulation in Gang gesetzt, die als **akute Stressreaktion** bezeichnet werden und sich in körperlichen und psychologischen Reaktionen (Stresssignalen) zeigen und manifestieren können (vgl. Europäische Kommission, 2001).

Sie sollen auf Basis der hier genannten Quellen nachfolgend näher skizziert werden:

- **A – Emotionale Reaktionen und Manifestationen**

  Innere Unruhe, Unsicherheiten, Ärger, Gefühle der Hoffnungs- und Hilflosigkeit, Angst und Depression können in Stresssituationen vorkommen. Ein langes und wiederholtes Einwirken von Belastungen kann, bei dafür vulnerablen Personen, zu einer dazuerhaften Beeinflussung ihrer emotionalen Reaktionen führen. Ängste und Depressionen z.B. können sich vertiefen und in eine manifeste psychische Erkrankung münden.

  Schröder (1992) fasst die Ergebnisse jahrelanger Forschungsbemühungen zu psychosozialen Determinanten körperlich manifester Erkrankungen so zusammen, dass es letztendlich negative Gefühlszustände sind, die krank machen, wenn sie häufig auftreten, lang anhalten und intensiv sind. Dementsprechend kommt der gelingenden Emotionsregulation innerhalb der Stressbewältigung eine wichtige Rolle zu (Reschke und Schröder, 2000).

- **B – Kognitive Reaktionen und Manifestationen**

  Stresskognitionen und Problemgedanken können als so genannte „innere Antreiber" fungieren. Nach eigener Definition handelt es sich dabei um Einstellungen und

Regeln, die sich als Handlungsvorsätze geistig verfestigt haben und Stress auslösen bzw. verstärken können.

Beispiele für typische Stresskognitionen:

- „Niemand darf merken, wie es mir geht!"
- „Ich muss die Kontrolle behalten!"
- „Was man anpackt, muss man auch meistern!"
- „Ich schaffe es nicht!"
- „Wenn ich versage, wird man mich weniger schätzen!"

Zudem wirkt sich Stress auf das kognitive Leistungsvermögen aus. Das Vermögen sich konzentrieren zu können, sich zu erinnern, Neues zu lernen oder kreative Leistungen erbringen zu können, ist eingeschränkt. Folge davon kann eine erhöhte Fehlerrate oder die Zunahme von motorischen Fehlhandlungen sein. Das Unfallrisiko steigt (vgl. dazu Semmer, 1994).

- **C – Verhaltensbezogene Reaktionen und Manifestationen**

  Schnelleres Gehen, lauteres Sprechen, verschiedene Dinge gleichzeitig erledigen zu wollen, sind einige von vielen Anzeichen, die eine Person kennzeichnen, die unter Stress steht. Auch sind Veränderungen im Sozialverhalten nicht ungewöhnlich. Es kommt eher zu Konflikten und Aggressionen gegenüber anderen. Dauerhafter Stress kann unter Umständen zu Abkapselungstendenzen und (selbstgewollter) Isolierung führen. Eine andere Ebene als die eben beschriebene intra- und interpersonale betrifft die des Gesundheitsverhaltens.

Nach Hahlweg (zitiert in Wagner-Link, 2001) ist Stress nicht nur an der Verursachung etlicher Krankheiten direkt beteiligt, sondern wirkt sich auch indirekt aus. So verhalten sich Menschen unter chronischen Belastungen oft gesundheitsschädigend. Dies findet z.b. darin seinen Ausdruck, dass sie mehr Alkohol trinken oder rauchen, ungesünder essen und häufig zu Beruhigungs-, Schmerz- oder Schlafmitteln greifen.

- **D – Körperliche Reaktionen und Manifestationen**

Die akute und natürliche Stressreaktion entspricht der Phase der Alarmreaktion nach dem Selye'schen Stressmodell. Sie dient der schnellen Bereitstellung von Energie um auf „Kampf oder Flucht" vorbereitet zu sein. Vermittelt über die Stresshormone Adrenalin und Noradrenalin kommt es dabei zu einer Erhöhung von Puls- und Atemfrequenz, was eine erhöhte Blutsauerstoffsättigung bewirkt. Die Muskulatur wird stärker durchblutet und angespannt.

Gleichzeitig wird der Stoffwechsel in der Richtung aktiviert, dass Zucker- und Fettreserven in schnell verfügbare Energie umgewandelt werden können.

Diese Reaktionen sind prinzipiell nicht schädlich, wenn dem Individuum nach einer Belastung eine Erholung möglich ist.

Wiederholte Belastungen mit zu geringen Erholungsphasen, können die Auftretens-wahrscheinlichkeit psychosomatischer Symptome erhöhen.

Bei unausgesetzter Überforderung in Folge von chronischem Stress sind manifeste Schädigungen, wie sie unter Abschnitt 1.4 beschrieben werden, nicht auszuschließen.

Engel und Hurrelmann (1989), die sich intensiv mit Untersuchungen von Belastungen und Belastungsfolgen im Kinder- und Jugendbereich beschäftigten, stellten eine Rangfolge von vierzehn psychosomatischen Stresssymptomen auf. Angeführt wird die Liste der Auftretenshäufigkeit von Kopfschmerzen und Unruhe.

Für den Bereich der Erwachsenen konnten die Ergebnisse Engel und Hurrelmanns durch eigene Untersuchungen (Hartig, 2004a) an einer Stichprobe von N = 889 Internetnutzern weitgehend repliziert werden. In der Stichprobe der mit einem WWW-Fragebogen befragten Internetnutzer wurden Nervosität, Müdigkeit, Verspannungen und Kopfschmerzen als die am häufigsten im Zusammenhang mit erlebter Belastung auftretenden körperlichen Symptome genannt (siehe Abb.1, S.2).

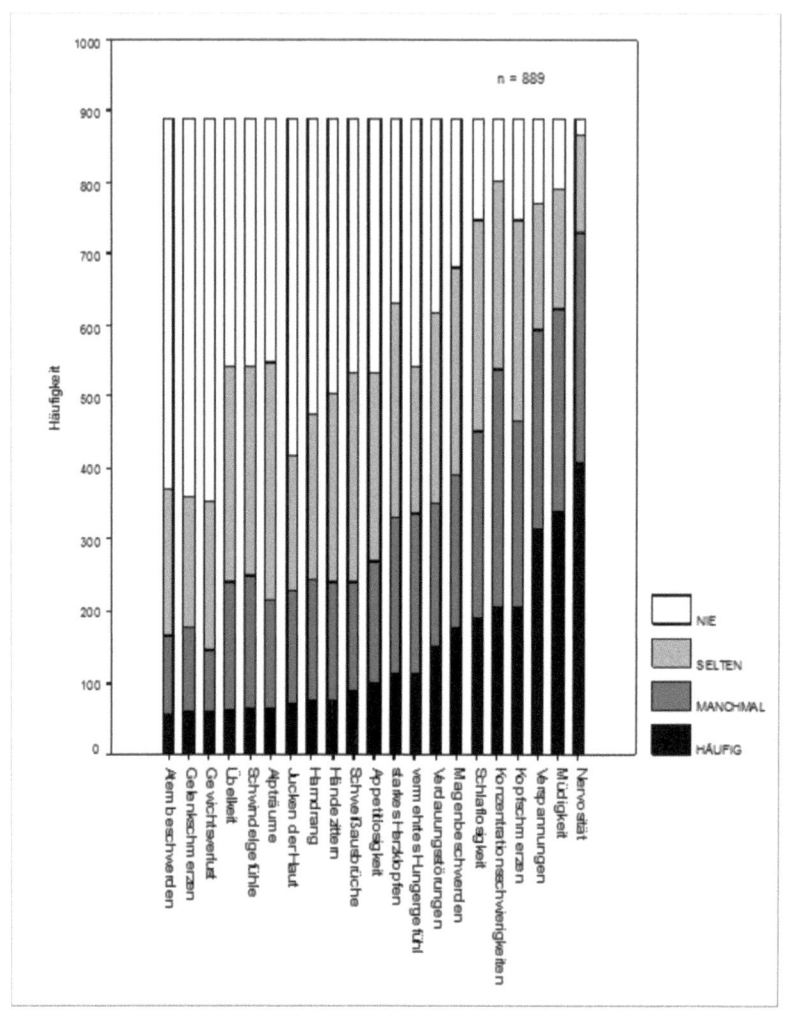

Abbildung 1:   Körperliche Symptome bei Stress und Belastung
(Internetbefragung; N = 889; Datenerhebung
12.11.2002 - 13.02.2004, Hartig, 2004a)

4 Chronischer Stress und psychosomatische Störungen

Lang andauernder Stress bzw. Phasen der Daueraktivierung führen potentiell zu körperlichen und seelischen Schädigungen bzw. Einschränkungen.

Nach Uexküll (1979) entstehen auf dem Boden von Stressreaktionen etwa ein Drittel der Krankheiten heutiger Industriestaaten. So wird dem Stress eine maßgebliche Beteiligung an der Entstehung von Herzinfarkt, Bluthochdruck, Schlafstörungen, Erschöpfungssyndromen, dem Burnout-Syndrom, Magen- und Darmleiden, Neurosen, Angstkrankheiten und Krebs zugeschrieben (ILO, 1996).

Stress als „Mittler" zwischen den Polen Gesundheit und Krankheit und die dazu gehörigen Transformationsglieder werden bei Reschke & Schröder (2002) ausführlich dargestellt.

Psychosomatische Störungen

Bei Feldmann (1983) werden zwei Typen von Körperstörungen, an deren Entstehung psychische Faktoren mitwirken, genannt. Konversionsstörungen und psychosomatische Krankheiten.

Erstere sind nicht mit einer Organschädigung verbunden. Auslöser können Konflikte sein, die sich direkt in Körperstörungen (z.B. Lähmungen) umsetzen. Diese Störungen sind rein funktionell und lassen nach, wenn die Konfliktbewältigung gelingt.

Nicht so bei psychosomatischen Erkrankungen. Sie sind komplexer als Konversionsstörungen und anfänglich funktionelle Symptomatiken können sich schließlich in manifesten Erkrankungen mit Schädigungen an inneren Organsystemen oder der Haut bemerkbar machen.

So verweist Stangier (1999) darauf, dass chronischer Stress körperliche Reaktionen auslösen und zu einer Exazerbation oder Verstärkung von Symptomatiken führen kann. Von großer Bedeutung sei, etwa bei Hautkrankheiten die Auslösung von Juckreiz und Entzündungsreaktionen der Haut.

Allerdings, führt Feldmann weiter aus, ist zu beachten, dass die Verursachung psychosomatischer Erkrankungen multifaktoriell bedingt ist und neben Stress als Verursacher auch eine organische Disposition für Erkrankungen dieser Art vorliegen muss.

Ungeklärt ist bislang in dem Zusammenhang, wann psychische Belastungen tatsächlich organische Symptomatiken auslösen, welchen Mechanismen die Organwahl folgt und wieso in diesem Bereich keine Habituation erfolgt, so dass wiederkehrende Reize die Tendenz zur Chronifizierung erhöhen.

5 STRESSOREN

5.1 Definition

Ulichs (1998) oben im Text gegebene Stressoren-Definition wird von Krohne (1997) erweitert, in dem er sie näher charakterisiert. Demnach ist allen Stressoren gemein, dass es sich aus der Sicht des Individuums um Ereignisse von erheblichem Gewicht handelt. Hinzu kommen situative Merkmale und formale Parameter, wie die des Grades verhaltensmäßiger Beeinflussbarkeit bzw. Kontrollierbarkeit eines Stressors. Ferner der Informationsgrad über Situationen und die Vorhersagbarkeit oder Unsicherheit hinsichtlich der Frage, ob das Ereignis eintreten wird.

Andere formale Parameter von Stressoren beziehen sich auf den Inhalt, die zeitliche Nähe und die Dauer eines zu erwartenden Ereignisses.

Die zeitliche Wirkung von Stressoren und die damit verbundene Dauer einer Stressreaktion nennt Frankenhaeuser (1978, in Kallus, 1995) in ihrem „Verschleißmodell" als entscheidend in Hinblick für ein Schädigungspotential. Da am Ende einer Belastung die Reaktionen auf diese nicht unmittelbar abklingen sondern Nachwirkungen haben („unwinding"), ist besonders bei einer raschen Folge von Belastungen mit einer Kumulation von Beanspruchung und damit verbunden mit einem größeren Gefährdungspotential für den Organismus zu rechnen.

Neben formalen Aspekten von Stressoren können inhaltliche Unterscheidungen vorgenommen werden. Janke (1976) bietet eine Gliederung an, die hier modifiziert wiedergegeben werden soll:

Struktur von Stressoren

- Äußere Stressoren (Reizarmut oder Reizüberflutung, Schmerzreize, objektive bzw. subjektive Gefahrensituationen)
- Bedingungen, die zur Einschränkung eigener Bedürfnisse führen (Mangel/ Verlust/ Entzug)
- Leistungsstressoren
- Soziale Stressoren
- Weitere Stressoren wie Konflikte oder Ungewissheit

5.2 Quellen für Stressoren

Im Folgenden werden für eine Auswahl von Themen Ursachen und Quellen für die Entstehung von Stress und daraus resultierende Folgen diskutiert. Die hier ausgewählten Bereiche können nicht nur Stress auslösend wirken, sondern genauso in positiver Richtung als Ressource zur Verfügung stehen. Da der Schwerpunkt dieser Arbeit in der Erfassung Stress induzierenden Faktoren liegt, werden die nachfolgenden Themen bevorzugt aus diesem Blickwinkel betrachtet.

5.2.1 Life events und Daily hassles

Kritische Lebensereignisse (change events, major life events, stressfull live events), wie sie ausführlich bei Filipp (1981) thematisiert werden, stellen in ihrer Struktur komplexe Stressoren dar, deren Ursprung endogen wie exogen sein kann und die das bislang aufgebaute Personen-Umwelt-Passungsgefüge bedrohen (Filipp, in Schwarzer et al., 2002). Sie beziehen sich auf alle möglichen Lebensbereiche – u.a. Katastrophen, historische Veränderungen (gesellschaftliche, politische Umbrüche, Krieg), Entwicklungs- bzw. Reifungskrisen oder Lebenskrisen (Heirat, Pensionierung, Krankheit und Tod von Familienmitgliedern). Schumacher et al. (2002) sehen diese Ereignisse aus salutogenetischer Perspektive und beschreiben sie als potentiell doppelwertig positiv, negativ und ambivalent und begründen dies damit, dass Stressoren in Form bedeutsamer Lebensereignisse sowohl gesundheitsfördernd als auch die Bewältigungsprozesse beeinträchtigend sein können. Dies sei jedoch unter anderem abhängig von der subjektiven Bedeutsamkeit des Ereignisses, der Fähigkeit zur kompetenten Neuorientierung und dazu nötiger Ressourcen.

Lazarus (zitiert in Krohne, 1997) kritisiert, dass sich bislang nur schwache Zusammenhänge zwischen Messungen zu kritischen Lebensereignissen und dem erhobenen Gesundheitsstatus finden lassen konnten. Auch meinte er, dass es nicht die Lebensereignisse selbst seien, welche die Individuen beanspruchten oder überforderten, sondern die subjektive Repräsentation derselben. Eine größere Relevanz und engere Verbundenheit mit Kriterien des Gesundheitsstatus sollen nach Lazarus hingegen „Daily hassles" besitzen (vgl. Kanner et al., 1981; Lazarus, 1984; beide zitiert in Krohne, 1997). Dies sind irritierende, frustrierende oder entnervende Vorkommnisse, die allgemein als kleine alltägliche Missgeschicke, Behinderungen und Ärgernisse aufzufassen sind. Für eine davon betroffene Person werden diese Alltagswidrigkeiten, dann zum „Hassle", wenn sie entsprechend negativ empfunden und bewertet werden sowie subjektive Relevanz besitzen. In diesem Fall werden sie zu „zentralen Hassles".

Nach Gruen et al. (1988, zitiert in Krohne, 1997) macht das Ausmaß des Auftretens „zentraler Hassles" eine Vorhersage des Gesundheitszustands gut möglich. Gestützt wird diese Aussage durch Arbeiten Monroe's (1983, zitiert bei Semmer, 1994). Er untersuchte psychosomatische Symptome im Zusammenhang mit „Life events" und „Daily hassles". Darin zeigte sich, dass „Daily hassles" das Auftreten von Symptomen signifikant vorhersagten. Keine Vorhersagekraft hatten „Daily uplifts" (positives Pendant zu „hassles"). Ebenfalls nicht signifikant waren „Life events", wenn „Hassles" kontrolliert wurden.

5.2.2 Soziale Unterstützung und soziale Netzwerke

Mit sozialer Unterstützung wird nach Becker und Hurrelmann (beide 1990, zitiert in Seefeldt 2002) ein Prozess gemeint, bei dem ein Hilfsbedürftiger Unterstützung erhält, um seinen Zustand zu verändern oder dessen Ertragen zu erleichtern.

Der Mensch ist ein soziales Wesen und schöpft einen guten Teil seines Wohlbefindens aus der Eingebundenheit in ein Netz von anderen Menschen, innerhalb dessen er Aufmerksamkeit, Anerkennung und ein Gefühl der Zugehörigkeit erfährt. Im Bedarfsfall wird ihm hier auch konkrete Hilfe und Unterstützung zuteil. Ist eine solche Einbindung als Ressource nur unzureichend vorhanden, geht dem Individuum ein bedeutender Stresspuffer verloren (vgl. dazu Europäische Kommission, 2000). Reschke und Schröder (2000) stützen diese Aussage. Nach ihnen kommt der sozialen Unterstützung die Rolle eines Schutzfaktors, einer umweltseitigen stabilisierenden Ressource bei der Stressbewältigung zu.

Soziale Unterstützung kann emotional, informationell, materiell oder instrumentell sein. Der quantitative Erhalt sozialer Unterstützung hängt nach Leppin und Schwarzer (1997) eng mit Netzwerkindikatoren zusammen.

Nach Laireiter (zitiert in Schwarzer, 2002) werden soziale Netzwerke auf vier Dimensionen beschrieben:

- Struktur (Größe, Vernetzung, Dichte etc.)
- Relation – Interaktion (Art, Dauer, Frequenz der Einzelbeziehungen etc.)
- Inhalt – Funktion (Kontakt, Unterstützung, Belastung)
- Evaluation (Zufriedenheit etc.)

In der Theorie von Lazarus (1991, 1993, zitiert in Schwarzer, 1997) handelt es sich bei sozialem Rückhalt um eine

Ressource, die stressreichen Anforderungen gegenübergestellt wird. Sie stellt bei der Einschätzung von Stress das Gegengewicht zu den Belastungen dar. Der sozialen Unterstützung wird auch innerhalb des Bewältigungsprozesses eine Bedeutung beigemessen. Jemanden um Hilfe bitten, gilt als eine Haupt-Coping-Strategie. Die Nichtverfügbarkeit bzw. die Nicht-Mehr-Verfügbarkeit der Ressource stellt eine schwere Beeinträchtigung sowohl bei der Bewertung der Stresssituation als auch in den darauf folgenden Phasen der Stressbewältigung und -verarbeitung dar. Explizit formulieren dies Holahahn & Moos (1981, zitiert in Zimbardo, 1999).

Aufgrund ihrer Untersuchungen resümieren sie, dass eine Abnahme sozialer Unterstützung im familiären und Arbeitsumfeld mit einer potentiellen Zunahme psychischer Störungen in Verbindung gebracht werden kann.

5.2.3   Arbeitsplatzbezogene Stressoren

Einen großen Teil ihres Lebens verbringen Menschen in der Regel mit Erwerbsarbeit und sind in dieser nicht selten einer Vielzahl von Stressoren ausgesetzt. Siegrist (2002) führt das unter anderem auf die gesellschaftlichen Veränderungen im Zuge zunehmender Globalisierung zurück, die sozioökonomische Veränderungen im Gefolge haben, die vermehrt auch Stresserfahrungen verursachen. Folge sind psychomentale Belastungen und Beanspruchungen, die Unfall- und Fehlerrisiken erhöhen oder z.B. in Dienstleistungsberufen zur Häufung von Burnout-Symptomen führen.

In einer forsa-Umfrage an 1000 Befragten zur Häufigkeit arbeitsbedingter Stressoren von 1997 (in BAuA, 2002) werden auf Seiten der Arbeitnehmer u.a. Zeit- und Termindruck (50%), zu viel Arbeit (39%), Doppelbelastung im Haushalt und Beruf

(29%), Angst vor Arbeitsplatzverlust (25%), Probleme mit Vorgesetzten (20%) und Probleme mit Kollegen (16%) genannt.

Stressoren im Arbeitsbereich lassen sich nach verschiedenen Gesichtspunkten ordnen. Sie können handlungsbezogen sein, wenn sie sich aus während der Arbeit ablaufenden Handlungen innerhalb des Arbeitsprozesses ableiten lassen. Sie sind tätigkeitsbezogen, wenn sie sich auf die Arbeit allgemein beziehen. In seiner Untersuchung zur Arbeitssituation führt Siegrist (1980, zitiert in Zapotoczky, 1982) acht Komponenten an, die, wenn sie häufig als Quelle der Belastung zur Wirkung kommen, an der Entstehung von Krankheiten beteiligt sein können:

- Ausprägung des Zeitdrucks
- Ausmaß der Kontrolle über die eigene Arbeit
- Störbarkeit des Arbeitsablaufs
- Ausmaß der geforderten Konzentration
- Verantwortung und Fehlerbewusstsein
- Über- bzw. Unterforderung
- Enge bzw. Weite des Dispositionsspielraumes
- Eindeutigkeit in der Definition der gestellten Arbeitsaufgabe

Neben dieser Aufstellung, welche die eingenommene Sichtweise auf Stress am Arbeitsplatz innerhalb dieser Arbeit bestimmt, gibt es, je nach Schwerpunktsetzung, weitere mehr oder weniger differenzierte Aufstellungen (vgl. dazu Kasl, 1991; Semmer & Mohr, 2001, die in ihrer Aufstellung stressrelevanter Aspekte neben Stressoren auch Ressourcen (z.b. Kooperations- und Kommunikationsmöglichkeiten) mit aufführen.

5.2.4 Stressbegünstigende Persönlichkeitsmerkmale – Die Persönlichkeits-Typen A, B und C

Die amerikanische Kardiologen Friedmann & Rosemann (1975) ermittelten in Laufe ihrer Studien zum Zusammenhang von Lebensstilen und deren Anfälligkeit für bestimmte Erkrankungen verschieden Persönlichkeitstypen. Nach ihnen unterscheidet man den Persönlichkeits-Typ A, B und C.

Besonders Stress-gefährdet ist der Typ A, dessen Verhalten durch ein starkes Leistungs- und Erfolgsstreben, den Hang zum Perfektionismus, verstärktes Konkurrenzdenken sowie durch das Verfolgen von parallelen Aufgaben und Verpflichtungen gekennzeichnet ist. Das Verhalten seinen Mitmenschen gegenüber ist nicht selten von Ungeduld bis hin zu aggressiven Tendenzen geprägt. In der Kommunikation neigt er zu einer forcierten Gesprächsführung mit kurzen Sätzen und ungeduldigem Unter- oder Abbrechen der Rede des Gesprächspartners. Häufig beendet er angefangene Gedanken des Kommunikationspartners selbst, um das Gespräch in seinem Sinne voranzutreiben. Die nahezu ständige Anspannung (Kampfbereitschaft) bedingt eine Unfähigkeit, sich ausreichend entspannen zu können.

Nach Bayer (2002) und Vester (1978) ist die Typ-A-Persönlichkeit aufgrund ihrer Leistungsorientiertheit in der Arbeitswelt sehr begehrt. Vorwiegend berufstätige Männer sind unter diesem Persönlichkeitstypus zu finden. Zunehmend sei der Typ A auch unter Studenten und Schülern verbreitet und das Aufweichen der Rollenstereotype in den industrialisierten Gesellschaftsformen führe wohl künftig auch zu einem Anstieg der Zahl von Frauen, die diesem Persönlichkeits-Typ zuzurechnen sind.

Bayer sieht in dem Typ-A-Verhalten nichts generell Negatives, sondern betrachtet es vielmehr als eine Anpassung an unsere heutige komplexe und an Anforderungen reiche Umwelt.

Negativ ist jedoch, dass durch die Typ-A-Verhaltensweisen eine vermehrte Ausschüttung von Adrenalin angeregt wird, was zu einer übermäßig häufigen Anspannung führen und Mitverursacher der unter 1.4 („Chronischer Stress und psychosomatische Störungen") beschriebenen Langzeitschädigungen sein kann. Typ-A-Personen haben aufgrund ihres Verhaltens, das sie häufiger als andere in Stress bringen soll, ein zweifach größeres Herzinfarktrisiko und eine erhöhte Auftretenswahrscheinlichkeit für Gefäßerkrankungen (vgl. Myrtek, 2002).

Der Typ B ist durch ein Mehr an innerer Ruhe und Entspanntheit gekennzeichnet und stellt das Pendant zum Typ A dar. Der Typ C, auch „Cortisol-Typ" genannt, reagiert unter Belastung eher passiv und verunsichert, physiologisch mit einer vermehrten Cortisolausscheidung und neigt bei schweren Schicksalsschlägen eher zu Depression und Hilflosigkeit. Der bei diesen Personen unter lang anhaltender oder chronischer Belastung erhöhte Cortisolspiegel wirkt sich hemmend auf das Immunsystem aus und es zeigt sich eine stärkere Anfälligkeit für Erkrankungen, die mit einem geschwächten Immunsystem in Verbindung zu bringen sind (vgl. Schedlowski, 1994; Ruppert, 1996).

6 ERFASSUNGSMETHODEN VON STRESS UND STRESSOREN

Da Stress ein dynamisches Geschehen mit mehreren Systemkomponenten darstellt, das auf verschiedenen Ebenen und nach unterschiedlichen Gesetzmäßigkeiten abläuft, ist es nach (Seefeldt, 2000) nicht möglich, ein einziges, alle Aspekte erfassendes, Verfahren zur Messung von Stress zu entwickeln.

Für die Art und Weisen, mit der Stress erfasst werden kann, nennt er sieben Möglichkeiten, die hier verkürzt wiedergegeben werden sollen:

1. Erfassung von Selbstauskünften „Gestresster" mittels teil- oder voll standardisierter Fragebögen

2. Fremdbeobachtung durch geschulte Beobachter (Schwierig hierbei sind die Nichteindeutigkeit und die seitens des Beobachters subjektiv beeinflusste Messung.)

3. Belastungsexperimente, wie Reiz-Reaktions-Messung oder Konzentrationsmessung

4. Messung physiologischer Parameter wie Blutdruck, Pulsfrequenz oder Hautleitwiderstand

5. Kontrolle biochemischer Parameter wie z.B. Messung des Katecholaminspiegels im Harn, Blutanalyse

6. „Mikrovibrationsmessung" der Muskeln, EEG-Analysen

7. Anwendung psychometrischer Skalen – Testverfahren

Die angeführten Methoden erfassen Stress auf der Befindens-, der Verhaltens-, der physiologischen und der biochemischen Ebene und decken das Spektrum des Machbaren ab.

Cohen, Kessler & Gordon (1995) schlagen vor, die verschieden Komponenten des Stressprozesses zu erheben. Darin eingeschlossen sind das Erfassen von Stressoren, die subjektive Einschätzung derselben verbunden mit einer Einschätzung der subjektiv erlebten Gesamtbelastung, die emotionale und die biologische Stressreaktion.

Weber (2002) unterscheidet drei Arten von Stressoren. Die kritischen Lebensereignisse (Life events), Stressoren des Alltags (Daily hassles) und chronisch stressbesetzte Lebensbedingungen. Die Erfassung erfolgt meist mit Checklistenverfahren, psychometrischen Tests oder strukturierten Interviews. Auch Tagebuchaufzeichnungen können in die Analyse einbezogen werden.

Stellvertretend für die Vielzahl anwendbarer Verfahren in der Diagnostik von Belastungen und deren Verarbeitung, sei für die Erfassung der kritischen Lebensereignisse die „Social Readjustment Rating Scale" von Holmes & Rahe (1967) vorgestellt. Mit dieser können so genannte „life change units" für 43 verschiedene Ereignisse erfasst werden.

Alltagsereignisse können u.a. mit der Ereignischeckliste von Schmidt-Atzert (1989) erfasst werden. Zur Diagnostik von chronischem Stress steht das „Trierer Inventar zur Erfassung von chronischem Stress" von Schulz, P., Schlotz, W., & Becker, P. (2004) zur Verfügung. Die Bewältigung von Stress wird bevorzugt mit dem Stressverarbeitungsfragebogen von Janke (1985) gemessen.

Umfassende Darstellungen von Verfahren zur Diagnostik von Stress, Belastung, deren Verarbeitung, zur psychosomatischen Befundung oder der Erfassung sozialer Ressourcen finden sich bei Brickenkamp (1997), Stieglitz, Baumann & Freyberger (2001) sowie Ahrens (1997).

Parallel zu den vorstehend, überwiegend klinisch angesiedelten Verfahren, sind in den letzten Jahrzehnten im Bereich der Arbeitspsychologie die verschiedensten Verfahren zur Erfassung von Stress im Arbeitsumfeld entwickelt worden. So können z.b., dem Stimuluskonzept folgend, objektive Arbeitsbelastungen durch psychologische Arbeitsanalysen erfasst werden. (vgl. dazu Semmer, 1984; Greif, Bamberg & Semmer, 1991).

Zur Qualität der zur Verfügung stehenden Verfahren äußert sich Weber mit besonderem Blick auf die Checklistenverfahren kritisch. Nachteilig sei, dass sie für spezifische Stichproben oft nicht repräsentativ seien und im Falle der „Ereignis-Diagnostik" die Belastungen, die durch Nicht-Ereignisse (z.B. ungewollte Kinderlosigkeit) verursacht wird, nicht erfasst werden. Auch ergeben sich in Bezug auf Ereignisse mitunter Interpretationsprobleme.

So kann die Trennung eines Paares ein stressauslösendes Ereignis oder die Folge von die Beziehung stressenden Ereignissen sein. Positiv sind, wenn es um die angemessene Erfassung von Stressoren geht, die Bemühungen Wagner-Links (1996) einzuschätzen.

Die von ihr aus transaktionaler Sichtweise entwickelte Stressorenanalyse erfasst nicht nur Art und Häufigkeit des Auftretens von Stressoren sondern auch deren subjektiv erlebte Komplexität, Intensität und Wertigkeit aus der Sicht des Betroffenen.

Der Stand der Weiterentwicklung ist mit Schröder (2002) derzeit wie folgt zu bilanzieren: Psychodiagnostische Fortschritte, so meint er, gäbe es seit den 90er-Jahren nur wenige und führt dies vor allem auf konzeptionell bedingte Erkenntnisgrenzen zurück. Meist handele es sich bei neuen Testverfahren lediglich um die Perfektionierung von bereits existierenden Fragebogenverfahren.

LITERATUR

Cannon, W. B. (1932). *The wisdom of the body.* New York: Norton

Cofer, C.N., Appley, M.H. (1964). *Motivation: Theory and research.* New York: Wiley.

Cohen, S., Kessler, R. C. & Gordon, L. (Eds.) (1995). *Measuring stress. A guide for health and social scientists.* New York: Oxford University Press.

Debus, G., Erdmann, G. & Kallus, K. W. (Hrsg.). (1995). *Biopsychologie von Stress und emotionalen Reaktionen.* Göttingen; Bern; Toronto; Seattle: Hogrefe, Verlag für Psychologie.

Dillmann, D. A. (2000). *Mail- and internet surveys – the tailored design method.* New York: Wiley.

DIN 33 405 (1987). *Psychische Belastung und Beanspruchung. Allgemeines und Begriffe.*

Doh, M. (2003). *12/2003:@facts-Studie - Ergebnisse zur Internet-Nutzung.* Deutsches Zentrum für Altersforschung (DZFA) aus: @facts SevenOne Interactive / forsa vom 14.01.04. [WWW-Dokument]. Verfügbar unter: http://www.alle.de/content/stories/index.cfm/key.1492/secid.16/secid2.49 [2004-02-16]

Dorsch, F. (Hrsg.). (1994). *Psychologisches Wörterbuch.* Bern; Göttingen; Toronto; Seattle: Huber (12. überarb. und erw. Auflage)

Engel, U. & Hurrelmann, K. (1989). *Psychosoziale Belastungen im Jugendalter.* Berlin: de Gryter.

Feldmann, H. (1983). *Kompendium der medizinischen Psychologie – für Studierende und Ärzte.* Basel; München; Paris; London; New York; Tokio; Sydney: Karger.

Fengler, Jörg. (1994). Helfen macht müde. *Zur Analyse und Bewältigung von Burnout und beruflicher Deformation.* München: Verlag J. Peiffer (3. Auflage. Reihe: Leben Lernen; Nr. 77)

Filipp, S.-H. (1981). (Hrsg.) *Kritische Lebensereignisse.* München: Urban & Schwarzenberg.

Fisseni, J. (1990). *Lehrbuch der psychologischen Diagnostik.* Göttingen: Hogrefe.

Friedmann, M. & Rosemann, R.H. (1975). *Der A-Typ und der B-Typ.* Reinbek: Rowohlt.

Greif, S. (1991). *Stress in der Arbeit - Eine Einführung und Grundbegriffe.* In: Greif, S., Bamberg, E. & Semmer, N. (Hrsg.). Psychischer Stress am Arbeitsplatz (S. 1-28). Göttingen: Hogrefe.

Greif, S., Bamberg, E. & Semmer, N. (Hrsg.). (1991). *Psychischer Stress am Arbeitsplatz.* Göttingen: Hogrefe.

Hacker, W. & Richter, P. (1980). *Spezielle Arbeits- und Ingenieurpsychologie. Lehrtext 2: Psychische Ermüdung, Monotonie, Sättigung, Stress.* Berlin (DDR): Deutscher Verlag der Wissenschaften.

Hartig, J. (2004a). *Körperliche Symptome bei Stress und Belastung.* (Internetbefragung). [WWW-Dokument], Verfügbar unter: http://www.joerghartig.de/stress/stress-pss/form-pss-version-A.htm [2004-02-13]

Hartig, J. (2004b). *Voting zur „Zeitlichen Teilnahmebereitschaft an Internet-Befragungen".* [WWW-Dokument] Verfügbar unter: URL: http://www.joerghartig.de/onlineforschung/umfragen/umfrage-jh-teilnahmebereitschaft-zeitaufwand.htm aufgerufen werden. [2004-02-11]

Holmes, T.H. & Rahe, R.H. (1967). *The social readjustment rating scale.* Journal of Psychosomatik Research, 11, 213-218

ILO (Internationale Arbeitsorganisation der UNO). (1996). In: *25 Grundregeln für den richtigen Umgang mit Stress.* – Gesundheitsinformation Nr.8 der Gesellschaft für Regulationsmedizin.(Hrsg.). (Lose Blattsammlung). DGRM – Deutsche Gesellschaft für Regulationsmedizin, Chausseestraße 111. 10115 Berlin.

Jäger, R. S. und Petermann, F. (1999). *Psychologische Diagnostik.* 4. Auflage, Beltz: PVU, Weinheim.

Janke, W. (1976). *Psychophysiologische Grundlagen des Verhaltens.* In: M. Kerekjarto (Hrsg.), Medizinische Psychologie (2. Aufl.) (S. 1-101). Berlin: Springer.

Janke, W., Erdmann, G. & Kallus, W. (1985). *Stressverarbeitungsbogen SFV.* Göttingen: Hogrefe.

Jerusalem, M. (1990). *Persönliche Ressourcen, Vulnerabilität und Stresserleben.* Göttingen: Hogrefe.

Kallus, K.W. (1995). *Der Erholungs-/ Belastungs-Fragebogen (EBF).* Handanweisung. Frankfurt: Swets & Zeitlinger.

Kasl, S.V. (1991). *Assessing health riskin the work setting. [In: Schroeder, H.E. (Ed.). New directions in healthpsychologie assessement, pp.95-125, New York: Hemisphere Publishing, 1991.]* In: Europäische Kommission (2001). *Stress am Arbeitsplatz – Ein Leitfaden „Würze des Lebens oder Gifthauch des Todes?".* Luxemburg: Amt für amtliche Veröffentlichungen der Europäischen Gemeinschaften, 2001. [Kontakt: http://europa.eu.int.]

Kirchhoff, S., Kuhnt, S., Lipp, P. & Schlawin, S. (2001). *Fragebogen - Datenbasis. Konstruktion. Auswertung.* Opladen: Leske + Budrich (2. Auflage)

Krohne, W. (1997). *Stress und Stressbewältigung.* In: Gesundheitspsychologie – Ein Lehrbuch. Schwarzer, R. (Hrsg.). 2. überarb. Und erw. Aufl., Göttingen; Bern; Toronto; Seattle: Hogrefe, Verlag für Psychologie

Laszig, P. & Eichenberg, C. (2003). *Onlineberatung und internetbasierte Psychotherapie.* Psychotherapeut 3/ 2003, Springer-Verlag

Laux, L. (1983). *Psychologische Stresskonzeptionen.* In: Thomae, H. (Hrsg.). Theorien und Formen der Motivation. Enzyklopädie der Psychologie. Serie Motivation und Emotion, Bd.1. Göttingen: Hogrefe.

Lazarus, & Cohen, J. B. (1977). *Environmental stress.* In: J. Altman & J. F. Wohlwill (Hrsg.) Human behavior and the environment (S. 90-127). New York: Plenum.

Lazarus, R. S. & Folkman, S. (1984). *Stress appraisal and coping.* New York: Springer.

Lazarus, R. S. & Launier, R. (1981). *Stressbezogene Transaktion zwischen Person und Umwelt.* In: Nitsch, J. R. (Hrsg.). Stress, Theorien, Untersuchungen, Maßnahmen (S.213-260). Bern: Huber.

Lazarus, R. S. (1966). *Physiological stress and the coping process.* New York: McGraw-Hill.

Myrtek, M. (2002). *Typ A-Verhalten.* In: Schwarzer, R., Jerusalem, M. & Weber, H. (Hrsg.). *Gesundheitspsychologie von A bis Z. Ein Handwörterbuch.* Göttingen; Bern; Toronto; Seattle: Hogrefe, Verlag für Psychologie.

Ott, R. & Eichenberg, C. (2002). *Klinisch-Psychologische Intervention und Psychotherapie im Internet: Ein Review zu empirischen Befunden.* Vortrag auf dem 43. Kongress der deutschen Gesellschaft für Psychologie, 22-26. 09.2002, Berlin

Petermann, F. (1999). *Asthma bronchiale. Göttingen.* Bern; Toronto; Seattle: Hogrefe, Verlag für Psychologie (Fortschritte der Psychotherapie; Bd. 5).

Report Psychologie, Fachzeitschrift des BDP, 9/ 2001, 26. Jg.

Reschke, K. & Schröder, H. (2000). Optimistisch den Stress meistern. Kursleiterhandbuch – Handbuch und Material für die Kursdurchführung. Tübingen: DGVT-Verlag.

Richter, G. (2000). *Stress, psychische Ermüdung, Monotonie, psychische Sättigung.* - Psychische Belastung und Beanspruchung. Arbeitswissenschaftliche Erkenntnisse Nr.116. Schriftenreihe. Herausgeber: Bundesanstalt für Arbeitsschutz und Arbeitsmedizin – Dortmund.

Rohmert, W. & Rutenfranz, J. (Hrsg.) (1983). *Praktische Arbeitspsychologie* (3. ; neubearbeitete Auflage) Stuttgart: Kohlhammer.

Ruppert, W. (1996). *Machen Gefühle krank?* In: Unterricht Biologie 20. Heft 219, S. 43-49

Schedlowski, M. (1994). *Stress, Hormone und zelluläre Hormonreaktionen – Ein Beitrag zur Psychoneuroimmunologie.* Heidelberg, Berlin, Oxford: Spektrum, Akademischer Verlag.

Scheuch, K. & Schröder, H. (1990). *Mensch unter Belastung.* – Stress als ein humanwissenschaftliches Integrationskonzept. Berlin: Deutscher Verlag für Wissenschaften.

Scheuch, K. (2002). *Neue Konzepte und Befunde der multidisziplinären Stressforschung.* In: Schumacher, J., Reschke, K. & Schröder, H. (Hrsg.). Mensch unter Belastung. Erkenntnisfortschritte und Perspektiven in der Stressforschung. Frankfurt: VAS – Verlag für akademische Schriften.

Schmidt-Atzert, L. (1989). *Ein Fragebogen zur Erfassung emotional relevanter Alltagsereignisse.* Diagnostica 35, 354-358.

Schröder, H. (1992). *Emotionen – Persönlichkeit – Gesundheitsrisiko.* Psychomed 4, 81-85.

Schröder, H. (1996). *Psychologische Interventionsmöglichkeiten bei Stressbelastungen.* In: Reschke, K., Intervention zur Gesundheitsförderung für Klinik und Alltag. Regensburg: Roderer-Verlag

Schulz, P., Schlotz, W., & Becker, P. (2004). *Das Trierer Inventar zum chronischen Stress (TICS) - Manual.* Göttingen: Hogrefe.

Schumacher, J., Reschke, K. & Schröder, H. (Hrsg.). (2002). *Mensch unter Belastung – Erkenntnisfortschritte und Anwendungsperspektiven der Stressforschung.* Frankfurt: VAS - Verlag für Akademische Schriften.

Schwarzer, R. (Hrsg.). (1997). *Gesundheitspsychologie – Ein Lehrbuch.* Zweite überarb. und erw. Auflage. Göttingen; Bern; Toronto; Seattle: Hogrefe, Verlag für Psychologie.

Schwarzer, R., Jerusalem, M. & Weber, H. (Hrsg.). (2002). *Gesundheitspsychologie von A bis Z. Ein Handwörterbuch.* Göttingen; Bern; Toronto; Seattle: Hogrefe, Verlag für Psychologie.

Seefeldt, Dieter. (2002). *Stress. Verstehen – Erkennen – Bewältigen.* Dreieich: Edition Wötzel. (2. überarbeitete Auflage)

Selye, H. (1976). *Stress in Health and disease.* Boston; Butterworths; London.

Selye, H. (1979). *Stress mein Leben* – Erinnerungen eines Forschers. München: Kindler Verlag GmbH.

Selye, H. (1981). *Geschichte und Grundzüge des Stresskonzepts.* In Nitsch, J. R. (Hrsg.). Stress, Theorien, Untersuchungen, Maßnahmen. Bern: Huber

Semmer, N. (1984*). Stressbezogene Tätigkeitsanalyse. Psychologische Untersuchungen zur Analyse von Stress am Arbeitsplatz.* Weinheim: Beltz.

Semmer, N. (1994). *Stress.* In: Handwörterbuch Psychologie, Asanger, R. & Wenninger, G. (Hrsg.), 5. Auflage, Weinheim: Beltz, Psychologie-Verl.-Union.

Siegrist, J. (2002). Stress am Arbeitsplatz. In: Schwarzer, R., Jerusalem, M. & Weber, H. (Hrsg.). *Gesundheitspsychologie von A bis Z. Ein Handwörterbuch.* Göttingen; Bern; Toronto; Seattle: Hogrefe, Verlag für Psychologie

Stangier, Ulrich. (1999). *Hautkrankheiten und Körperdysmorphe Störung.* Göttingen; Bern; Toronto; Seattle: Hogrefe, Verlag für Psychologie (Fortschritte der Psychotherapie; Bd. 15).

Stieglitz, R., Baumann, U. & Freyberger, H. J. (2002). *Psychodiagnostik in Klinischer Psychologie, Psychiatrie, Psychotherapie.* 2. überarb. und erw. Auflage, Stuttgart; New York: Thieme

Stück, M. (1997). *Entwicklung und Evaluation eines Entspannungstrainings mit Yogaelementen als Bewältigungshilfe für Belastungen.* Leipzig: Unveröffentlichtes Mauskript, Universität Leipzig

Stück, M. (2000). Handbuch zum Entspannungstraining mit Yogaelementen in der Schule. Mit 33 Kopiervorlagen für Arbeitsblätter. Donauwörth: Auer Verlag GmbH

Tinnefeld, M.-T. & Ehmann, E. (1992). *Einführung in das Datenschutzrecht.* München; Wien: Oldenburg.

Uexküll, Th. v. (Hrsg.). (1979). *Lehrbuch der Psychosomatischen Medizin.* München-Wien-Baltimore: Urban & Schwarzenberg.

Ulich, E. (1983). *Präventive Interventionen im Betrieb: Vorgehensweise zur Veränderung der Arbeitssituation.* Psychosozial, 20, 48-70.

Vester, F. (1978). *Phänomen Stress.* München: DTV Sachbuch.

Wagner-Link, A. (1996). *Aktive Entspannung und Stressbewältigung.* Ehningen/ Böblingen: Expert Verlag

Wagner-Link, A. (1996). *Aktive Entspannung und Stressbewältigung.* Ehningen/ Böblingen: Expert Verlag

Wagner-Link, A. (2001) *Stress- Stressoren erkennen, Belastungen vermeiden, Stress bewältigen.* (Techniker Krankenkasse, Hrsg.). 11. Auflage 2001, Hamburg, [PDF Dokument] Verfügbar unter: http://www.tk-online.de/centaurus/generator/tk-online.de/b01__bestellungen__downloads/z99__downloads__bilder/pdf/broschuere__der__stress,property=Data.pdf [2004-02-01].

Weber, H. (2002). *Stressmessung.* l In: Schwarzer, R., Jerusalem, M. & Weber, H. (Hrsg.). *Gesundheitspsychologie von A bis Z. Ein Handwörterbuch.* Göttingen; Bern; Toronto; Seattle: Hogrefe, Verlag für Psychologie

Weise, G. (1975). *Psychologische Leistungstests.* Göttingen: Hogrefe.

Zapotoczky, H.G. (1982). *Stress in allen Lebensstufen. Zur Befreiung aus der Erschöpfung.* Stuttgart: Hippokrates Verlag.

Zimbardo, P. G. (1999). *Psychologie.* Berlin: Springer.

Autorenhinweis

 **Jörg Hartig** ist Diplom-Psychologe, Therapeut, Coach und Vortragsredner.

Er hat in Leipzig Medizin und Psychologie studiert und sein Studium mit einem Diplom in Psychologie abgeschlossen.

Seit seinem Studium beschäftigt er sich mit den Themen Stress, Burnout, Resilienz und Stress-bewältigung. Sein Interesse gilt der Vermittlung von Selbstmanagement-, Stressbewältigungs- und Souveränitäts-strategien. 2004 gründete er in Leipzig seine eigene Praxis für Psychotherapie, Coaching und Supervision. Hier gibt er seit mehr als zehn Jahren sein Wissen und seine Erfahrungen zur persönlichen Selbstentwicklung an seine Klienten weiter.

Mit seinem Angebot „Jörg Hartig Health & Business Coaching" bietet er Firmen externe psychologische Mitarbeiterberatung an und ist bundesweit für Vorträge, Seminare und Coachings buchbar.

Aktuelle Beiträge, Interviews, Termine finden Sie auf:
www.joerghartig.de

FSC
www.fsc.org

MIX

Papier aus ver-
antwortungsvollen
Quellen
Paper from
responsible sources

FSC® C105338